LINA WEIDENBACH

Schlank *mit* Kuchen *und* Brot

50 leckere Rezepte zum genussvollen Abnehmen

Schlank mit Kuchen und Brot

50 leckere Rezepte zum genussvollen Abnehmen

Bis zu **80 %** weniger Kalorien

LINA
WEIDENBACH

riva

Bibliografische Information der Deutschen Nationalbibliothek:
Die Deutsche Nationalbibliothek verzeichnet diese Publikation in der Deutschen Nationalbibliografie. Detaillierte bibliografische Daten sind im Internet über http://d-nb.de abrufbar.

Für Fragen und Anregungen:
info@rivaverlag.de

Wichtiger Hinweis
Dieses Buch ist für Lernzwecke gedacht. Es stellt keinen Ersatz für eine individuelle medizinische Beratung dar und sollte auch nicht als solcher benutzt werden. Wenn Sie medizinischen Rat einholen wollen, konsultieren Sie bitte einen qualifizierten Arzt. Der Verlag und der Autor haften für keine nachteiligen Auswirkungen, die in einem direkten oder indirekten Zusammenhang mit den Informationen stehen, die in diesem Buch enthalten sind.

Originalausgabe
1. Auflage 2019
© 2019 by riva Verlag, ein Imprint der Münchner Verlagsgruppe GmbH
Nymphenburger Straße 86
D-80636 München
Tel.: 089 651285-0
Fax: 089 652096

Redaktion: Karoline Kazianka
Umschlaggestaltung: Maria Wittek
Umschlagabbildung und Abbildungen im Innenteil: © Stephanie Just
Satz: ZeroSoft, Timisoara
Druck: Florjancic Tisk d.o.o., Slowenien
Printed in the EU

ISBN Print 978-3-7423-1004-0
ISBN E-Book (PDF) 978-3-7453-0640-8
ISBN E-Book (EPUB, Mobi) 978-3-7453-0641-5

Weitere Informationen zum Verlag finden Sie unter

www.rivaverlag.de

Beachten Sie auch unsere weiteren Verlage unter www.m-vg.de

Inhalt

75   BROT

103   HERZHAFTE GERICHTE

119   DAS SCHMECKT DAZU

Genussvoll abnehmen – geht das?

Kochen und vor allem Backen waren schon immer meine große Leidenschaft. Ob Kuchen, Torten, Plätzchen oder anderes Gebäck – für mich gibt es kaum etwas Schöneres als den Duft von frisch zubereiteten Backwaren in meiner Küche. Als ich vor einigen Jahren ein paar Kilos verlieren wollte, dachte ich deswegen: Das muss doch auch ohne den Verzicht auf leckeres Gebäck gehen!

Das Wort Diät assoziieren die meisten Menschen in erster Linie mit Verzicht, Hunger und schlechter Laune. Das wollte ich aber auf gar keinen Fall. Deshalb begann ich damit, Rezepte mit besseren Nährwerten (das heißt kalorienärmer und oft proteinreicher) zu kreieren. Auf diese Weise konnte ich dieselben Leckereien genießen wie früher – nur eben mit weniger Kalorien. Seitdem veröffentliche ich meine Rezepte in meinem Instagram-Blog »fit_nurse_lina« und versuche, möglichst vielen Menschen zu zeigen, dass Genuss ohne Reue ganz einfach sein kann.

Beim Abnehmen geht es nicht in erster Linie darum, auf etwas Bestimmtes zu verzichten – wie zum Beispiel auf Kohlenhydrate –, sondern entscheidend ist, weniger Kalorien zu essen, als der Körper benötigt. Nur durch ein sogenanntes Kaloriendefizit wird der Körper dazu angeregt, die ungeliebten Fettpölsterchen abzubauen.

Empfohlen wird dabei ein Kaloriendefizit von höchstens 20 Prozent pro Tag, das heißt, wenn man am Tag beispielsweise 2000 kcal verbrennt, sollte man mindestens etwa 1600 kcal verzehren. Wenn das Defizit über einen längeren Zeitraum zu groß ist, startet der Körper nämlich Notfallmaßnahmen und baut Muskulatur zur Energiegewinnung ab.

Den individuellen Kalorienverbrauch kannst du ganz einfach mithilfe eines Fitness-Trackers am Handgelenk oder der Harris-Benedict-Formel berechnen, die online zu finden ist.

In einer Diät ist es besonders wichtig, ausreichend Eiweiß aufzunehmen, da der Körper sonst damit anfängt, Muskulatur abzubauen. Viele meiner Rezepte in diesem Buch enthalten deswegen eine Extraportion Eiweiß. Natürlich muss man gerade auch beim Abnehmen darauf achten, sich ausgewogen zu ernähren, um ausreichend Vitamine, Mineralstoffe, Spurenelemente, sekundäre Pflanzenstoffe und essenzielle Fettsäuren zu sich zu nehmen. Aber bei all dem sollte auch in der Diät der Genuss nicht zu kurz kommen. Wie einfach das gehen kann, zeige ich dir in diesem Buch: Zum

Beispiel hat ein normaler Schokola-
den-Brownie ca. 350 Kalorien pro Stück.
Meine Bohnen-Brownies hingegen (siehe
S. 16) haben nur 72 Kalorien pro Stück.
Das sind ca. 80 % weniger Kalorien, die
du ganz nebenbei einsparst.

Ich hoffe, die Rezepte in diesem Buch
helfen dir dabei, dein Wunschgewicht
spielend leicht und ohne Verzicht zu
erreichen. Viel Spaß beim Backen!

Meine Abnehmhelfer

Erythrit

Erythrit ist ein biochemisch hergestellter
Zuckeralkohol, der als Zuckeraus-
tauschstoff dient, da er nahezu keine
Kalorien hat. Er sieht aus wie Zucker,
schmeckt wie Zucker und ist fast genauso
verwendbar. Allerdings weist er nur
70 Prozent der Süßkraft auf und hat einen
kühlenden Effekt beim Verzehr.

Erythrit kommt auch in der Natur vor,
zum Beispiel in verschiedenen Obstsorten
oder Pistazien und in anderen Lebensmitteln wie Käse oder Wein.

Erythrit wird zu 90 Prozent unverändert
über den Urin ausgeschieden und nur
10 Prozent werden im Dünndarm verar-
beitet, weshalb die typischen Nebenwir-
kungen von anderen Zuckerersatzstoffen
wie Blähungen deutlich reduziert sind.

Da Erythrit sich nicht auf den Blutzucker-
spiegel auswirkt und somit auch nicht auf
die Insulinausschüttung, ist er für Diabe-
tiker geeignet. Außerdem ist er nicht

kariogen – verursacht also keine Karies
wie Zucker.

Viele aktuelle Studien zeigen, dass der
Verzehr von Erythrit unbedenklich ist.
Allerdings kann er bei übermäßigem
Verzehr abführend wirken.

Erythrit ist im Reformhaus, in Bioläden, in
Drogerien und teilweise in gut sortierten
Supermärken erhältlich und wird unter
unterschiedlichen Handelsnamen
vertrieben.

Weizenkleie

Weizenkleie ist das Restprodukt, das
bei der Verarbeitung des Weizenkorns
entsteht, und besteht aus dessen äußerer
trockener Schale. Sie hat weniger
Kalorien als Weizenmehl und ist recht
eiweißreich. Außerdem liefert sie jede
Menge Ballaststoffe, fördert so die
Verdauung und ist sehr sättigend.

Flohsamenschalen

Flohsamenschalen sind die Schalen des
Flohsamen-Wegerichs oder auch Floh-
krauts. Sie zeigen sich wie die Weizenkleie sehr ballaststoffreich, unterstützen
deshalb die Verdauung und sind sehr
sättigend. Außerdem sind sie sehr fett-
und kohlenhydratarm.

Leinsamen

Leinsamen sind die Samen des Flachses
und weisen einen nussigen Eigen-
geschmack auf. Sie sind sehr eiweißreich, kohlenhydratarm und bestehen
zu 40 Prozent aus Fett, wovon etwa 50

Prozent mehrfach ungesättigte Omega-3-Fettsäuren ausmachen. Diese Fettsäuren sind essenziell, was bedeutet, dass sie der Körper nicht selbst herstellen kann, sondern über die Nahrung aufnehmen muss.

Proteinpulver

Als Protein- bzw. Eiweißpulver bezeichnet man Pulver, das sehr viel Eiweiß enthält. Ich nutze in meinen Rezepten Molke-Protein-Konzentrat, das aus der Molke der Milch hergestellt wird. Man kann es als Proteinpulver in verschiedenen Geschmacksrichtungen in manchen Supermärkten, im Reformhaus, in Drogerien und natürlich online kaufen.

Eiweiß

In vielen Rezepten verwende ich nur das Eiweiß von Hühnereiern, da das Eigelb fettreicher ist und das Gebäck somit kalorienreicher machen würde. Natürlich kann man die Eier trennen und das Eigelb anderweitig verbrauchen, aber ich kaufe immer hochwertiges Hühnereiweiß in Flaschen, um nicht zu viel Eigelbüberschuss zu erhalten. Generell sollte man darauf achten, dass die Eier möglichst frisch und in Bioqualität sind, da das Eiklar in einigen Rezepten roh verwendet wird.

Mehl

In den meisten meiner Rezepte kommt Weizenvollkornmehl zum Einsatz, da Vollkornmehle mehr Ballaststoffe enthalten und somit länger sättigen. Helles Weizenmehl ist nicht ungesund, es macht

einfach nicht so lange satt und kann Verstopfung begünstigen. Allerdings ist dies individuell verschieden und hängt von der Gewöhnung ab.

Tipps zu den Rezepten

- Um mir das Einfetten zu ersparen, kleide ich die Backformen, bei denen es möglich ist, mit Backpapier aus.
- Da die tatsächliche Ofentemperatur nicht bei jedem Ofen gleich ist, kann auch die Backzeit variieren. Am besten das Gebäck immer im Blick haben und mithilfe der Stäbchenprobe testen, ob es fertig ist.
- Da meine Backwaren deutlich fettärmer sind als herkömmliche, trocknen sie etwas schneller aus. Deshalb solltest du sie möglichst zeitnah verzehren.
- Die Nährwertangaben können möglicherweise variieren, da zum Beispiel nicht jede fettarme Margarine den gleichen Kaloriengehalt hat.
- In einigen Rezepten verwende ich zuckerfreies Apfelmus. Es sollte relativ dickflüssig sein, da der Teig ansonsten zu flüssig wird. Wenn du kein zuckerfreies Apfelmus findest, kannst du auch Apfelmark nehmen, denn das ist immer zuckerfrei.

Kuchen

Apfelkuchen

NÄHRWERTE FÜR 1 STÜCK:

110 kcal, 5 g Eiweiß, 20 g Kohlenhydrate, 0,5 g Fett

ZUTATEN FÜR 8 STÜCKE

- 2 Äpfel
- 140 g Weizen-
  vollkornmehl
- 4 TL Backpulver
- 400 g Apfelmus, ohne
  Zuckerzusatz
- 4 Eiweiß (Größe S)
- 100 g Erythrit
- Zimt nach Belieben

1. Den Backofen auf 180 °C Ober-/Unterhitze vorheizen.

2. Die Äpfel waschen, entkernen und in Scheiben schneiden.

3. Das Mehl mit dem Backpulver in einer Schüssel vermischen. Apfelmus, Eiweiße, Erythrit und Zimt zugeben und alles mit dem Handrührgerät zu einem homogenen Teig verkneten. Den Teig in eine mit Backpapier ausgekleidete Springform (Ø 20 cm) füllen und mit den Apfelscheiben belegen.

4. Den Kuchen etwa 35 Minuten im Ofen backen. Mittels Stäbchenprobe überprüfen, ob der Kuchen durchgebacken ist.

Protein-Cheesecake ohne Boden

NÄHRWERTE FÜR 1 STÜCK:

65 kcal, 9 g Eiweiß, 7 g Kohlenhydrate, 0,1 g Fett

ZUTATEN FÜR 8 STÜCKE

500 g Magerquark
40 g Vanille-
   puddingpulver
4 Eiweiß (Größe M)
100 g Erythrit
etwas Zitronensaft

1. Den Backofen auf 170 °C Ober-/Unterhitze vorheizen.

2. Alle Zutaten in eine Schüssel geben und mit dem Handrührgerät zu einem homogenen Teig verrühren.

3. Den flüssigen Teig in eine mit Backpapier ausgekleidete Kuchenform (Ø 20 cm) füllen.

4. Kuchen 30 Minuten im Ofen backen. Wenn die Oberfläche zu dunkel wird, den Kuchen mit Alufolie abdecken.

5. Nach Ablauf der Backzeit den Ofen ausstellen, aber den Kuchen bei geöffneter Ofentür (einen Holzlöffel einklemmen) noch im Backofen stehen lassen, damit er langsam auskühlt.

Bohnen-Brownies

NÄHRWERTE FÜR 1 STÜCK:

72 kcal, 7,5 g Eiweiß, 7 g Kohlenhydrate, 1 g Fett

ZUTATEN FÜR 6 BROWNIES

- 250 g Kidneybohnen aus der Dose
- 25 g Weizenvollkornmehl
- 25 g Schoko-Proteinpulver
- 1 Eiweiß (Größe M)
- 15 g stark entöltes Kakaopulver
- 5 EL Erythrit

1. Den Backofen auf 180 °C Ober-/Unterhitze vorheizen.

2. Die Kidneybohnen in ein Sieb gießen, ausgiebig abspülen und abtropfen lassen.

3. Alle Zutaten in eine Schüssel geben und mit dem Stabmixer zu einem homogenen, glatten Teig pürieren. Teig probieren und mit Erythrit nachsüßen, wenn er noch nicht süß genug sein sollte.

4. Teig in eine mit Backpapier ausgekleidete Kastenform (30 cm) füllen und 20–25 Minuten im Ofen backen. Mit der Stäbchenprobe prüfen, ob der Teig fertig ist. Kuchen etwas abkühlen lassen, aus der Form lösen und in 6 Stücke schneiden.

Erdbeer-Pudding-Torte

NÄHRWERTE FÜR 1 STÜCK:

126 kcal, 7 g Eiweiß, 16 g Kohlenhydrate, 1 g Fett

ZUTATEN FÜR 8 STÜCKE

- 4 Eiweiß (Größe M)
- 150 g Erythrit
- 100 ml Wasser
- 100 g Weizen-
  vollkornmehl
- 2 TL Backpulver
- 1 Pck. Vanille-
  puddingpulver
- 500 ml fettarme Milch
- 500 g frische Erdbeeren

1. Den Backofen auf 175 °C Ober-/Unterhitze vorheizen.

2. In einer Schüssel 3 Eiweiße mit dem Handrührgerät steif schlagen.

3. Das vierte Eiweiß mit 100 g Erythrit und Wasser in einer weiteren Schüssel schaumig rühren. Mehl und Backpulver hinzufügen und verrühren. Dann den Eischnee vorsichtig unter den Teig heben.

4. Teig in eine mit Backpapier ausgekleidete Kuchenform (Ø 20 cm) füllen und etwa 10 Minuten im Ofen backen.

5. Für die Füllung das Vanillepuddingpulver mit der Milch und 50 g Erythrit nach Packungsanleitung zu einem Pudding verarbeiten.

6. Erdbeeren waschen, entstielen und in Scheiben schneiden.

7. Sobald der Kuchen fertig gebacken ist, vorsichtig aus der Form heben, vom Backpapier lösen und horizontal in 2 Hälften schneiden. Dann auskühlen lassen.

8. 1 Teigplatte als Boden auf eine Kuchenplatte legen und mit der Hälfte des Puddings bestreichen, dann die Hälfte der Erdbeeren darauf verteilen. Die zweite Teigplatte darauflegen und den Rest des Puddings und die Erdbeeren daraufgeben.

Schoko-Mikrowellenkuchen mit Kirschen

NÄHRWERTE FÜR 1 KUCHEN:

479 kcal, 32 g Eiweiß, 64 g Kohlenhydrate, 6 g Fett

ZUTATEN FÜR 1 KUCHEN

- 40 g Instant-Haferflocken (oder auch Schmelzflocken)
- 40 g Dinkelgrieß
- 1 TL Backpulver
- 1 TL Flohsamenschalen
- 10 g stark entöltes Kakaopulver
- 3 EL Erythrit
- 80 ml fettarme Milch
- 1 Eiweiß (Größe M)
- 80 g Magerquark
- 100 g entsteinte Kirschen, ohne Zuckerzusatz, aus dem Glas

1. Alle trockenen Zutaten in einer Schüssel vermischen.

2. Anschließend Milch, Eiweiß und Magerquark dazugeben und alles mit dem Handrührgerät zu einem homogenen Teig verrühren. Dann die Kirschen unterheben.

3. Teig in eine mikrowellengeeignete Form (Ø ca. 14 cm) füllen und auf höchster Stufe in der Mikrowelle ca. 4 Minuten backen.

Pumpkin Pie

NÄHRWERTE FÜR 1 STÜCK:

155 kcal, 11 g Eiweiß, 23 g Kohlenhydrate, 2 g Fett

ZUTATEN FÜR 8 STÜCKE

- 150 g Weizen-vollkornmehl
- 80 g Magerquark
- 20 g fettarme Margarine
- 6 Eiweiß (Größe M)
- 550 g Hokkaido-Kürbis
- 200 g fettarmer Frischkäse
- 100 g Erythrit
- etwas Zimt
- etwas Spekulatius-gewürz
- etwas Mehl für die Arbeitsfläche
- etwas Fett für die Form

1. Weizen-Vollkornmehl, Magerquark, Margarine und 2 Eiweiße in einer Schüssel mit dem Handrührgerät zu einem Teig verkneten. Den Teig 30 Minuten zugedeckt im Kühlschrank ruhen lassen.

2. Währenddessen den Kürbis entkernen, schälen und in Stücke schneiden. Die Stücke in einem Topf mit kochendem Wasser weich garen.

3. Den Kürbis in ein Sieb abgießen und abkühlen lassen. Dann in einer Schüssel mit dem Stabmixer pürieren. Frischkäse, 4 Eiweiße, das Erythrit, etwas Zimt und Spekulatius-Gewürz (Menge je nach Geschmack) hinzugeben und verrühren.

4. Den Backofen auf 170 °C Ober-/Unterhitze vorheizen.

5. Den Teig nach der Ruhezeit auf einer bemehlten Arbeitsfläche ausrollen, in eine leicht gefettete Kuchenform (Ø 20 cm) legen und einen Rand hochdrücken.

6. Kürbismischung auf den Teig geben und Kuchen etwa 50 Minuten im Ofen backen.

TIPP

Du kannst auch etwas mehr Teig zubereiten und daraus dekorative Elemente machen (siehe Bild).

Russischer Zupfkuchen

NÄHRWERTE FÜR 1 STÜCK:

147 kcal, 14 g Eiweiß, 16 g Kohlenhydrate, 1 g Fett

ZUTATEN FÜR 8 STÜCKE

- 150 g Weizen-vollkornmehl
- 1 TL Backpulver
- 15 g stark entöltes Kakaopulver
- 75 g Erythrit
- 100 g Apfelmus, ohne Zuckerzusatz
- 5 Eiweiß (Größe M)
- 500 g Magerquark
- 1 Pck. Vanille-puddingpulver
- 3 gehäufte EL Erythrit

1. Den Backofen auf 170 °C Ober-/Unterhitze vorheizen.

2. Zuerst das Mehl in einer Schüssel mit dem Backpulver, Kakaopulver und dem Erythrit vermischen und dann mithilfe eines Handrührgeräts mit dem Apfelmus und 1 Eiweiß zu einem klebrigen Teig vermengen.

3. Etwa 5 EL des Teiges entnehmen und beiseitestellen. Den Rest des Teiges mit feuchten Händen in einer mit Backpapier ausgekleideten Kuchenform (Ø 20 cm) auf dem Boden verteilen.

4. Danach den Magerquark mit dem Puddingpulver, dem restlichen Eiweiß und dem Erythrit in einer Schüssel zu einer homogenen Masse verrühren.

5. Die Quarkmasse auf dem Boden verteilen und den beiseitegelegten Teig als kleine Kleckse darauf verteilen. Kuchen etwa 30 Minuten im Ofen backen.

Maulwurfkuchen

NÄHRWERTE FÜR 1 STÜCK:

113 kcal, 11 g Eiweiß, 14 g Kohlenhydrate, 1 g Fett

ZUTATEN FÜR 8 STÜCKE

- 8 Eiweiß (Größe M)
- 3 gehäufte EL Erythrit
- 100 ml Wasser
- 100 g Weizen-
  vollkornmehl
- 2 TL Backpulver
- 15 g stark entöltes
  Kakaopulver
- 200 g Magerquark
- 2 Spritzer flüssiger
  Süßstoff
- 2 Bananen

1. Den Backofen auf 175 °C Ober-/Unterhitze vorheizen.

2. In einer Schüssel mit dem Handrührgerät 4 Eiweiße steif schlagen.

3. 1 weiteres Eiweiß in einer zweiten Schüssel mit Erythrit und Wasser schaumig rühren. Mehl, Backpulver und Kakaopulver hinzugeben und untermischen. Dann den Eischnee vorsichtig unter den Teig heben.

4. Teig in eine mit Backpapier ausgekleidete Kuchenform (Ø 20 cm) geben und 12–15 Minuten im Ofen backen.

5. Für die Füllung 3 Eiweiße in einer Schüssel steif schlagen und Magerquark und Süßstoff unterrühren.

6. Sobald der Boden fertig gebacken ist, vorsichtig aus der Form heben, vom Backpapier lösen, horizontal in 2 Hälften schneiden und abkühlen lassen. 1 Hälfte als Boden auf eine Kuchenplatte legen.

7. Die Bananen schälen, in Scheiben schneiden und auf dem Boden verteilen. Die Füllung kuppelförmig darüberhäufen.

8. Zum Schluss die zweite Teighälfte zerbröseln und die Füllung damit bedecken.

Protein-Schokoladen-Muffins

NÄHRWERTE FÜR 1 STÜCK:

57 kcal, 5,5 g Eiweiß, 7 g Kohlenhydrate, 0,5 g Fett

ZUTATEN FÜR 7 MUFFINS

- 40 g Weizen-
  vollkornmehl
- 30 g Schoko-
  Proteinpulver
- 5 g stark entöltes
  Kakaopulver
- 1 TL Backpulver
- 200 g Apfelmus, ohne
  Zuckerzusatz
- 3 Eiweiß

1. Den Backofen auf 180 °C Ober-/Unterhitze vorheizen.

2. Zunächst alle trockenen Zutaten in einer Schüssel vermischen. Dann das Apfelmus und das Eiweiß hinzugeben und alles mit dem Handrührgerät zu einem homogenen Teig verrühren.

3. Teig in 7 gefettete Muffinformen füllen und 20 Minuten im Ofen backen.

Bienenstich

NÄHRWERTE FÜR 1 STÜCK:

132 kcal, 8 g Eiweiß, 11 g Kohlenhydrate, 4 g Fett

ZUTATEN FÜR 8 STÜCKE

4 Eiweiß (Größe M)
6 EL Erythrit + 50 g
100 ml Wasser
100 g Weizen-
    vollkornmehl
2 TL Backpulver
20 g gehobelte Mandeln
1 Pck. Vanille-
    puddingpulver
500 ml fettarme Milch

1. Den Backofen auf 175 °C Ober-/Unterhitze vorheizen.

2. In einer Schüssel mit dem Handrührgerät 3 Eiweiße steif schlagen und beiseitestellen.

3. In einer weiteren Schüssel das vierte Eiweiß mit 6 EL Erythrit und Wasser schaumig rühren. Mehl und Backpulver hinzugeben und alles zu einem Teig verrühren. Dann den Eischnee vorsichtig unterheben.

4. Teig in eine mit Backpapier ausgekleidete Kuchenform (Ø 20 cm) füllen und mit den gehobelten Mandeln bestreuen. Etwa 10–15 Minuten im Ofen backen.

5. Währenddessen für die Füllung das Vanillepuddingpulver mit 50 g Erythrit und der Milch nach Packungsanleitung zu einem Pudding verarbeiten.

6. Sobald der Kuchen fertig gebacken ist, vorsichtig aus der Form heben, vom Backpapier lösen und horizontal in 2 Hälften schneiden. Auskühlen lassen.

7. Die Teigplatte ohne Mandeln auf eine Kuchenplatte legen und mit dem Pudding bestreichen. Die zweite Teigplatte mit den Mandeln nach oben daraufsetzen.

Zitronen-Kichererbsen-Kuchen mit Glasur

NÄHRWERTE FÜR 1 STÜCK:

36 kcal, 5 g Eiweiß, 3 g Kohlenhydrate, 0,4 g Fett

ZUTATEN FÜR 17 STÜCKE:

- 2 Dosen Kichererbsen (à 240 g, ohne Zuckerzusatz)
- 40 g Vanille-Proteinpulver
- 2 TL Backpulver
- 4 Eiweiß (Größe M)
- 8 EL Erythrit
- 1 unbehandelte Zitrone
- 10 EL Puder-Erythrit

1. Den Backofen auf 180 °C Ober-/Unterhitze vorheizen.

2. Die Kichererbsen in ein Sieb abgießen, gründlich abspülen, abtropfen lassen und in einen Mixer geben.

3. Proteinpulver, Backpulver, die Eiweiße, Erythrit, etwas geriebene Zitronenschale und etwas Zitronensaft hinzugeben. Alles pürieren, bis ein homogener Teig entsteht.

4. Den Teig in eine mit Backpapier ausgekleidete Kastenform (30 cm) füllen und 30–35 Minuten im Ofen backen.

5. Für die Glasur in einer kleinen Schüssel Puder-Erythrit mit etwas Zitronensaft zu einem Guss vermischen und diesen über den abgekühlten Kuchen geben.

Zucchini-Schoko-Kuchen

NÄHRWERTE FÜR 1 STÜCK

43 kcal, 5 g Eiweiß, 4 g Kohlenhydrate, 0,4 g Fett

ZUTATEN FÜR 8 STÜCKE

- 1 Zucchini (175 g)
- 40 g Weizen-
  vollkornmehl
- 25 g Schoko-
  Proteinpulver
- 2 Eiweiß (Größe M)
- 1 TL Backpulver
- 10 g stark entöltes
  Kakaopulver
- 4 EL Erythrit

1. Den Backofen auf 170 °C Ober-/Unterhitze vorheizen.

2. Zucchini waschen, putzen und fein raspeln. In ein Geschirrtuch legen und über der Spüle die Flüssigkeit aus den Raspeln pressen.

3. Zucchiniraspel mit den restlichen Zutaten in eine Schüssel geben und mit dem Handrührgerät zu einem Teig vermengen.

4. Teig in eine mit Backpapier ausgekleidete Kastenform (30 cm) füllen und 20–25 Minuten im Ofen backen.

Mandarinen-Frischkäse-Torte

NÄHRWERTE FÜR 1 STÜCK:

121 kcal, 14 g Eiweiß, 12 g Kohlenhydrate, 2 g Fett

ZUTATEN FÜR 8 STÜCKE:

3 Eiweiß (Größe M)
4 EL Erythrit + 200 g
50 ml Wasser
50 g Weizen-
  vollkornmehl
1 TL Backpulver
500 g fettarmer
  Frischkäse
500 g fettarmer Joghurt
300 g Mandarinen
  aus dem Glas, ohne
  Zuckerzusatz
10 Blatt Gelatine

1. Den Backofen auf 175 °C Ober-/Unterhitze vorheizen.

2. In einer Schüssel mit dem Handrührgerät 2 Eiweiße steif schlagen und zur Seite stellen.

3. Das dritte Eiweiß in einer weiteren Schüssel mit 4 EL Erythrit und Wasser schaumig rühren. Mehl und Backpulver hinzugeben und verrühren. Dann den Eischnee vorsichtig unterheben.

4. Den Teig in eine mit Backpapier ausgekleidete Kuchenform (Ø 20 cm) füllen und etwa 10 Minuten im Ofen backen.

5. Währenddessen den Frischkäse in einer Schüssel mit dem Joghurt und 200 g Erythrit verrühren. Die Mandarinen in ein Sieb abgießen, abtropfen lassen, klein schneiden und zur Frischkäse-Joghurt-Mischung geben.

6. Gelatineblätter nach Packungsangabe in Wasser einweichen, leicht ausdrücken und in einem Topf erwärmen, bis sie sich komplett aufgelöst haben.

7. Ein bis zwei Esslöffel der Frischkäse-Joghurt-Creme zur Gelatine geben und kräftig durchrühren. Die Creme-Gelatine-Mischung anschließend unter die restliche Frischkäse-Joghurt-Creme rühren.

8. Sobald der Kuchen fertig gebacken ist, vorsichtig aus der Form heben, vom Backpapier lösen, auf eine Kuchenplatte setzen und mit einem Kuchenring umgeben.

9. Die Frischkäsemischung auf dem abgekühlten Boden verteilen und die Torte über Nacht in den Kühlschrank stellen.

Heidelbeer-Vanille-Cupcakes

NÄHRWERTE FÜR 1 STÜCK:

94 kcal, 8 g Eiweiß, 10 g Kohlenhydrate, 0,5 g Fett

ZUTATEN FÜR 6 CUPCAKES:

- 60 g Weizen-vollkornmehl
- 1 Pck. Vanillepudding-pulver
- 7 g Backpulver
- 2 EL Erythrit
- 200 g Magerquark
- 1 Eiweiß (Größe M)
- 50 g frische Heidelbeeren
- 120 g fettarmer Frischkäse 0,2 % Fett
- 60 g Puder-Erythrit
- Bourbon-Vanillepulver oder Vanillearoma nach Belieben

1. Den Backofen auf 170 °C Ober-/Unterhitze vorheizen.

2. Zuerst das Mehl mit dem Puddingpulver, dem Backpulver und dem Erythrit in einer Schüssel vermischen. Dann den Magerquark und das Eiweiß dazugeben und mit dem Handrührgerät zu einem zähen, klebrigen Teig verrühren.

3. Die Heidelbeeren waschen, verlesen und mit Küchenpapier trocken tupfen.

4. Den Teig abwechselnd mit ein paar frischen Heidelbeeren in Silikon-Muffinförmchen füllen und die Muffins 20 Minuten im Ofen backen.

5. Für das Topping den Frischkäse mit dem Puder-Erythrit und dem Vanillepulver in einer Schüssel mit einem Handrührgerät vermischen.

6. Sobald die fertigen Muffins abgekühlt sind, das Topping in einen Spritzbeutel mit Sterntülle füllen und gleichmäßig auf den Muffins verteilen.

Pfirsich-Tartelettes

NÄHRWERTE FÜR 1 STÜCK:

178 kcal, 8 g Eiweiß, 32 g Kohlenhydrate, 1 g Fett

ZUTATEN
FÜR 3 TARTELETTES:

- 100 g Weizen-vollkornmehl
- 1 TL Backpulver
- 100 g Apfelmus, ohne Zuckerzusatz
- 100 g Magerquark
- 4 EL Erythrit
- 200 g Pfirsiche aus dem Glas, ohne Zuckerzusatz
- 1 Pck. Tortenguss

1. Den Backofen auf 170 °C Ober-/Unterhitze vorheizen.

2. Zuerst das Mehl und das Backpulver in einer Schüssel vermischen. Dann das Apfelmus, den Magerquark und 2 EL Erythrit dazugeben und alles mit dem Handrührgerät zu einem Teig vermengen.

3. Den Teig in 3 leicht gefettete Tartelette-Formen (Ø 12 cm) verteilen. Tartelettes 20 Minuten im Ofen backen.

4. Anschließend die Pfirsiche in einem Sieb abtropfen lassen und in Scheiben schneiden. Den Tortenguss mit 2 EL Erythrit nach Packungsangabe zubereiten.

5. Die fertig gebackenen Böden mit den Pfirsichscheiben belegen. Den Tortenguss darüberträufeln und die Tartelettes abkühlen lassen.

Himbeer-Biskuitrolle

NÄHRWERTE FÜR 1 STÜCK:

43 kcal, 4 g Eiweiß, 5,6 g Kohlenhydrate, 0,2 g Fett

ZUTATEN FÜR 8 STÜCKE:

- 4 Eiweiß (Größe M)
- 4 gehäufte EL Erythrit
- 50 ml Wasser
- 50 g Weizen-vollkornmehl
- 1 TL Backpulver
- 100 g Magerquark
- 2 Spritzer flüssiger Süßstoff
- 125 g frische Himbeeren

1. Den Backofen auf 180 °C Ober-/Unterhitze vorheizen.

2. 2 Eiweiße mit einem Handrührgerät in einem Behälter steif schlagen und zur Seite stellen.

3. Dann 1 weiteres Eiweiß mit dem Erythrit und dem Wasser in einer Schüssel schaumig rühren, das Mehl und das Backpulver hinzufügen, verrühren und dann den Eischnee unterheben.

4. Anschließend den Teig in auf einem mit Backpapier belegten Blech zu einem etwa 20 x 30 cm großen Rechteck verstreichen und 10–14 Minuten im Ofen backen.

5. Derweil für die Füllung das letzte Eiweiß in einem Behälter steif schlagen, vorsichtig den Magerquark unterheben und mit etwas flüssigem Süßstoff abschmecken. Die Himbeeren verlesen, vorsichtig waschen und mit Küchenpapier trocken tupfen.

6. Sobald der Teig fertig gebacken ist, diesen samt Backpapier auf ein zweites Backpapier oder ein Geschirrtuch stürzen. Mitgebackenes Backpapier vorsichtig mit einem Messer vom Teig lösen und abziehen.

7. Den abgekühlten Teig mit der Creme bestreichen, die Himbeeren darauf verteilen und Teig von der längeren Seite aus aufrollen.

Pflaumenblechkuchen

NÄHRWERTE FÜR 1 STÜCK:

117 kcal, 4,8 g Eiweiß, 21,2 g Kohlenhydrate, 0,7 g Fett

ZUTATEN FÜR 27 STÜCKE:

- 600 g Weizen-vollkornmehl
- 2 Pck. Backpulver
- 4 EL Dinkelgrieß
- Zimt nach Belieben
- 600 g Apfelmus, ohne Zuckerzusatz
- 300 g Magerquark
- 4 Eiweiß (Größe M)
- 100 ml fettarme Milch
- 6 EL Erythrit
- 1 kg Pflaumen

1. Den Backofen auf 180 °C Ober-/Unterhitze vorheizen.

2. Zuerst in einer Schüssel das Mehl mit dem Backpulver, dem Dinkelgrieß und etwas Zimt vermischen. Dann das Apfelmus, den Magerquark, das Eiweiß, die Milch und den Erythrit hinzugeben und alles mit dem Handrührgerät zu einem Teig verkneten.

3. Den Teig auf ein mit Backpapier belegtes Blech streichen.

4. Die Pflaumen waschen, vierteln, entkernen und gleichmäßig auf dem Teig verteilen. Den Kuchen 25–30 Minuten im Ofen backen.

TIPP

Zu dem Pflaumenblechkuchen passt die Fake-Sahne (Seite 121) sehr gut.

Birnen-Crumble

NÄHRWERTE FÜR 1 PORTION:

107 kcal, 2,7 g Eiweiß, 20,2 g Kohlenhydrate, 1,3 g Fett

ZUTATEN
FÜR 8 PORTIONEN

4 Birnen
etwas Zitronensaft
8 EL Erythrit
Bourbon-Vanille nach
  Belieben
100 g Weizen-
  vollkornmehl
50 g Magerquark
20 g fettarme Margarine

1. Den Backofen auf 200 °C Ober-/Unterhitze vorheizen.

2. Zuerst die Birnen waschen, entkernen, in Stücke schneiden und mit etwas frischem Zitronensaft, 4 EL Erythrit und ggf. etwas Bourbon-Vanille in einer Schüssel vermengen.

3. Anschließend das Mehl mit dem Magerquark, der Margarine und dem restlichen Erythrit verrühren, bis Brösel entstehen.

4. Die Birnen in eine Auflaufform (27x18 cm) legen, die Brösel darüber verteilen und den Crumble etwa 20 Minuten im Ofen backen.

TIPP:

Den Crumble unbedingt noch warm servieren, da er so am besten schmeckt und die Brösel kalt sehr hart werden. Du kannst ihn auch aufwärmen, dadurch werden die Brösel wieder weicher.
Zu dem Crumble passt die kalorienreduzierte Vanillesoße von Seite 120 sehr gut.

Süße Gerichte und Gebäck

Soft Baked Chocolate Cookies

NÄHRWERTE FÜR 1 STÜCK:

88 kcal, 4 g Eiweiß, 12,4 g Kohlenhydrate, 2,3 g Fett

ZUTATEN FÜR 6 COOKIES:

- 1 Dose Kidneybohnen (à 250 g)
- 25 g Schoko-puddingpulver
- 1 TL Backpulver
- 1 Eiweiß (Größe M)
- 5 g stark entöltes Kakaopulver
- (mind.) 50 g Erythrit
- 35 g zuckerfreie Vollmilchschokolade

1. Den Backofen auf 180 °C Ober-/Unterhitze vorheizen.

2. Die Kidneybohnen in ein Sieb abgießen, gut abspülen und abtropfen lassen. Dann mit den restlichen Zutaten (außer der Schokolade) in einem Mixer fein pürieren.

3. Mit einem Löffel aus der Masse 6 Kleckse auf ein mit Backpapier belegtes Blech setzen.

4. Die Schokolade klein schneiden und in den Teig drücken.

5. Die Cookies 20 Minuten im Ofen backen und anschließend abkühlen lassen.

TIPP:

Nicht wundern, dass die Kekse nach dem Backen innen noch sehr weich sind – sie sind trotzdem durchgebacken. Anstelle des Puddingpulvers kannst du auch Schoko-Proteinpulver verwenden.

Amerikaner

NÄHRWERTE FÜR 1 STÜCK:

134 kcal, 5,3 g Eiweiß, 23,3 g Kohlenhydrate, 1,9 g Fett

ZUTATEN
FÜR 8 AMERIKANER:

- 2 Eier (Größe M)
- 90 g Erythrit
- Vanillearoma nach Belieben
- 250 g Weizenmehl, Typ 405
- 2 TL Backpulver
- 125 ml fettarme Milch
- 15 EL Puder-Erythrit
- 6 EL lauwarmes Wasser

1. Den Backofen auf 180 °C Ober-/Unterhitze vorheizen.

2. Die Eier mit dem Erythrit und dem Vanillearoma in einer Schüssel mit dem Handrührgerät schaumig rühren. Dann das Mehl mit dem Backpulver vermischen, mit der Milch zu der Ei-Erythrit-Mischung geben und alles zu einem homogenen Teig verrühren.

3. Mit einem Löffel jeweils etwa 2 EL des Teiges als Kleckse auf ein mit Backpapier belegtes Blech setzen und die Amerikaner 20 Minuten im Ofen backen.

4. Für die Glasur den Puder-Erythrit in einer kleinen Schüssel mit dem Wasser verrühren, sodass eine cremige Masse entsteht. Sobald die fertig gebackenen Amerikaner abgekühlt sind, die glatte Unterseite mit dem Zuckerguss bestreichen. Die Glasur vor dem Servieren antrocknen lassen.

TIPP:

Für eine schokoladige Variante einfach die Schokoladenglasur von den Donuts auf Seite 69 verwenden.

Puddingteilchen

NÄHRWERTE FÜR 1 STÜCK:

146 kcal, 6,2 g Eiweiß. 19 g Kohlenhydrate, 2,5 g Fett

ZUTATEN FÜR 6 STÜCK:

- 125 g Weizenmehl, Typ 405 + etwas für die Arbeitsfläche
- 1 gehäufter TL Backpulver
- 4 EL Erythrit
- 100 g Magerquark
- 35 g fettarme Margarine
- 1 Pck. Vanillepuddingpulver
- 350 ml fettarme Milch
- 4 EL Puder-Erythrit
- 2 EL Wasser

1. Den Backofen auf 160 °C Ober-/Unterhitze vorheizen.

2. Das Mehl, das Backpulver, 2 EL Erythrit, den Magerquark und die Margarine in eine Schüssel geben und mit dem Handrührgerät zu einem homogenen Teig verkneten.

3. Den Teig in 6 gleiche Portionen zerteilen und jede Portion auf einer bemehlten Arbeitsfläche zu einer etwa 20 cm langen Rolle formen. Die Rollen kreisförmig auf ein mit Backpapier ausgelegtes Backblech legen.

4. Anschließend für die Füllung aus dem Vanillepuddingpulver, 2 EL Erythrit und der Milch nach Packungsangabe einen Pudding zubereiten und diesen in die Teigkreise füllen.

5. Die Pudding-Teilchen 20 Minuten im Ofen backen, danach herausnehmen und abkühlen lassen. Den Rand mit einem Guss aus Puder-Erythrit und Wasser bestreichen.

Dampfnudeln

NÄHRWERTE FÜR 1 STÜCK:

208 kcal, 8 g Eiweiß, 40 g Kohlenhydrate, 1 g Fett

ZUTATEN
FÜR 4 DAMPFNUDELN:

- 200 g Weizenmehl, Typ 405
- 100 ml fettarme Milch
- 13 g frische Hefe
- 10 g Zucker
- 1 Eiweiß (Größe S)
- 12 g fettarme Margarine

1. Zuerst das Mehl in eine Schüssel sieben und in der Mitte eine Mulde formen.

2. Dann die Milch in einem Topf leicht erwärmen, die frische Hefe und den Zucker hineingeben und die Milch so lange rühren, bis sich die Hefe vollständig aufgelöst hat.

3. Die Milch-Hefe-Mischung und das Eiweiß in die Mulde des Mehls geben, alles verrühren und die Masse mit dem Handrührgerät zu einem homogenen, nicht klebenden Teig verkneten (je länger, desto besser).

4. Den Teig 30–60 Minuten mit einem Tuch abgedeckt an einem warmen Ort ruhen lassen.

5. Nach der Ruhezeit den Teig nochmals mit der Hand durchkneten, in 4 gleich große Stücke zerteilen und diese zu Kugeln formen.

6. Die Kugeln mithilfe eines Dampfeinsatzes in einem verschlossenen Topf 12 Minuten im Wasserdampf garen. Dabei nicht den Deckel abnehmen! Dampfnudeln sofort warm servieren.

TIPP:

Zu den Dampfnudeln passen gut etwas geschmolzene Margarine mit Erythrit und Mohn oder kalorienarme Vanillesoße (Rezept siehe Seite 120)

Heidelbeer-Quark-Grießauflauf

NÄHRWERTE FÜR 1 PORTION:

433 kcal, 45 g Eiweiß, 53 g Kohlenhydrate, 2,5 g Fett

ZUTATEN FÜR 1 PORTION:

- 3 Eiweiß (Größe M)
- 60 g Dinkelgrieß
- 1 TL Backpulver
- 4 gehäufte EL Erythrit
- 1 Messerspitze Bourbon-Vanillepulver
- 150 g Magerquark
- 125 g frische Heidelbeeren

1. Den Backofen auf 170 °C Ober-/Unterhitze vorheizen.

2. Die Eier trennen und die Eiweiße in einer Schüssel mit dem Handrührgerät steif schlagen.

3. Dinkelgrieß, Backpulver, Erythrit, Vanille und Magerquark in einer zweiten Schüssel vermengen und dann den Eischnee unterheben.

4. Die Heidelbeeren verlesen, vorsichtig waschen und mit Küchenpapier trocken tupfen.

5. Den Teig in eine Auflaufform (26 x 21 cm) füllen, die Heidelbeeren darauf verteilen und den Auflauf 25–28 Minuten im Ofen backen.

Protein-Tiramisu

NÄHRWERTE FÜR 1 PORTION:

168 kcal, 18 g Eiweiß, 19 g Kohlenhydrate, 1 g Fett

ZUTATEN
FÜR 4 PORTIONEN:

- 6 Eiweiß (Größe M)
- 100 ml Wasser
- 4 EL Erythrit
- 100 g Weizen-
  vollkornmehl
- 2 TL Backpulver
- 200 g Magerquark
- etwas flüssiger Süßstoff
- 2 Espressi (alternativ
  schwarzer Kaffee)
- ein paar Tropfen Rum-
  aroma
- 10 g stark entöltes
  Kakaopulver

1. Den Backofen auf 170 °C Ober-/Unterhitze vorheizen.

2. Zuerst für den Boden 2 Eiweiße in einem Behälter mit dem Handrührgerät steif schlagen und zur Seite stellen.

3. 2 weitere Eiweiße in einer Schüssel mit Wasser und Erythrit schaumig rühren. Mehl und Backpulver hinzufügen und untermischen. Anschließend den Eischnee vorsichtig unter den Teig heben.

4. Teig auf einem mit Backpapier belegten Backblech zu einem etwa 7 mm dicken Rechteck verstreichen und 10–12 Minuten im Ofen backen.

5. Währenddessen die restlichen 2 Eiweiße in einem Behälter steif schlagen. Magerquark und 2 Spritzer flüssigen Süßstoff daruntermischen.

6. Sobald der Teig fertig gebacken ist, mit dem Backpapier auf ein zweites Backpapier oder ein Geschirrtuch stürzen und das mitgebackene Backpapier vorsichtig mithilfe eines Messers vom Teig ablösen.

7. Den Teig in 2 Hälften schneiden und 1 davon in eine passende Auflaufform legen.

8. Die Espressi kochen, etwas Rumaroma und ein wenig Süßstoff hineinrühren und den Boden damit tränken.

9. Etwa die Hälfte der Creme auf dem Boden verteilen. Die zweite Teighälfte darauflegen und den Rest der Creme darauf verstreichen.

10. Zum Schluss Kakaopulver über die Creme streuen.

Kokosmakronen

NÄHRWERTE FÜR 1 STÜCK:

36 kcal, 2 g Eiweiß, 1 g Kohlenhydrate, 3 g Fett

**ZUTATEN FÜR
24 MAKRONEN:**

5 Eiweiß (Größe M)
1 Prise Salz
100 g Puder-Erythrit
65 g Magerquark
100 g Kokosraspel

1. Den Backofen auf 150 °C Ober-/Unterhitze vorheizen.

2. In einer Schüssel die Eiweiße mit dem Salz mithilfe eines Handrührgeräts steif schlagen und nach und nach den Puder-Erythrit hinzugeben.

3. Vorsichtig den Magerquark und nach und nach die Kokosraspel unterheben.

4. Die Masse in einen Spritzbeutel mit Sterntülle füllen und damit Makronen auf ein Backpapier spritzen.

5. Die Makronen 20 Minuten im Ofen backen.

Waffeln

NÄHRWERTE FÜR 1 STÜCK:

70 kcal, 5 g Eiweiß, 10 g Kohlenhydrate, 0,6 g Fett

ZUTATEN FÜR 5 WAFFELN:

- 2 Eiweiß (Größe M)
- 3 EL Erythrit
- 100 ml fettarme Milch
- 75 g Weizen-
  vollkornmehl
- 1 TL Backpulver

1. 1 Eiweiß in einem Behälter mit dem Handrührgerät steif schlagen. Zur Seite stellen.

2. Das andere Eiweiß mit Erythrit und Milch in einer Schüssel schaumig rühren. Das Mehl mit dem Backpulver hinzufügen und untermischen. Den Eischnee vorsichtig unter den Teig heben.

3. Das Waffeleisen anheizen (wenn nötig leicht fetten) und aus jeweils etwa 3 EL Teig darin Waffeln ausbacken.

Apfelpfannkuchen

NÄHRWERTE FÜR 1 STÜCK:

85 kcal, 5 g Eiweiß, 14 g Kohlenhydrate, 0,5 g Fett

ZUTATEN
FÜR 5 PFANNKUCHEN:

2 Eiweiß (Größe M)
1 Apfel
3 gehäufte EL Erythrit
100 ml fettarme Milch
75 g Weizen-
    vollkornmehl
1 TL Backpulver
Vanillearoma nach
    Belieben

1. 1 Eiweiß in einem Behälter mit dem Handrührgerät steif schlagen. Zur Seite stellen.

2. Apfel waschen, entkernen und in dünne Scheiben schneiden.

3. Das zweite Eiweiß mit dem Erythrit und der Milch in einer Schüssel schaumig rühren. Mehl, Backpulver und nach Belieben noch Vanillearoma hinzugeben und gut vermischen. Dann den Eischnee vorsichtig unter den Teig heben.

4. Eine beschichtete Pfanne erhitzen. 2–3 EL Teig hineingeben und zu einem Pfannkuchen verlaufen lassen. Ein paar Apfelscheiben darauflegen. Sobald sich an der Oberfläche Bläschen bilden, Pfannkuchen wenden und fertig backen. Mit dem restlichen Teig ebenso verfahren.

Donuts mit Schokoglasur

NÄHRWERTE FÜR 1 STÜCK:

78 kcal, 6 g Eiweiß, 10 g Kohlenhydrate, 1 g Fett

ZUTATEN FÜR 6 DONUTS:

80 g Weizen-
    vollkornmehl

1 TL Backpulver

75 g fettarmer Joghurt

2 Eiweiß (Größe M)

4 EL Erythrit

etwas Fett für die Form

2 Blatt Gelatine

30 g stark entöltes
    Kakaopulver

flüssiger Süßstoff nach
    Belieben

etwas Wasser

1. Den Backofen auf 180 °C Ober-/Unterhitze vorheizen.

2. Mehl und Backpulver in einer Schüssel vermischen. Dann Joghurt, Eiweiße und Erythrit hinzufügen und mit dem Handrührgerät zu einem Teig verrühren.

3. Teig in eine leicht gefettete Donutform verteilen und 15 Minuten im Ofen backen.

4. Für die Glasur die Gelatine nach Packungsanleitung einweichen.

5. Kakaopulver in einer kleinen Schüssel mit Süßstoff nach Belieben und so viel Wasser verrühren, dass eine cremige Masse entsteht. Masse in einem Topf leicht erwärmen. Gelatine hinzugeben und rühren, bis sie sich vollständig aufgelöst hat.

6. Die fertig gebackenen, abgekühlten Donuts von einer Seite in die Schokoladensoße tunken und sofort servieren.

Zimtschnecken

NÄHRWERTE FÜR 1 STÜCK:

66 kcal, 9 g Eiweiß, 6 g Kohlenhydrate, 0,3 g Fett

ZUTATEN
FÜR 6 SCHNECKEN:

- 200 g Weizenmehl, Typ 405 + etwas für die Arbeitsfläche
- 100 ml fettarme Milch
- 13 g frische Hefe
- 6 g Zucker
- 1 Eiweiß (Größe S)
- 12 g fettarmer Joghurt
- 14 g fettarme Margarine
- 2 TL Zimt
- 3 gehäufte EL Erythrit

1. Mehl in eine Schüssel sieben und in der Mitte eine Mulde formen.

2. Milch in einem Topf leicht erwärmen, die frische Hefe und den Zucker hineingeben und die Milch rühren, bis sich die Hefe vollständig darin aufgelöst hat.

3. Die Mich-Hefe-Mischung, das Eiweiß und den Joghurt in die Mulde des Mehls geben, alles verrühren und die Masse mit dem Handrührgerät zu einem homogenen, nicht klebenden Teig verkneten (je länger, desto besser).

4. Den Teig 30–60 Minuten mit einem Tuch abgedeckt an einem warmen Ort ruhen lassen.

5. Den Backofen auf 180 °C Ober-/Unterhitze vorheizen.

6. Nach der Ruhezeit den Teig nochmals mit den Händen durchkneten und auf einer bemehlten Arbeitsfläche mit einem Nudelholz zu einem ca. 25 x 15 cm großen Rechteck ausrollen.

7. Margarine in einem Topf schmelzen lassen und den Teig damit bestreichen. Zimt und Erythrit daraufstreuen und den Teig von der längeren Seite aus aufrollen.

8. Die Rolle in 6 gleich große Stücke schneiden und diese mit einer Schnittseite nach oben auf ein mit Backpapier belegtes Blech legen. Die Schnecken 20 Minuten im Ofen backen.

Chocolate Chip Cookies

NÄHRWERTE FÜR 1 STÜCK:

41 kcal, 3,4 g Eiweiß, 3,7 g Kohlenhydrate, 1,3 g Fett

ZUTATEN FÜR 14 KEKSE:

- 1 Dose weiße Bohnen (à 250 g)
- 30 g Vanille-Proteinpulver
- 1 TL Backpulver
- 2 Eiweiß (Größe M)
- 50 g zuckerfreie Vollmilchschokolade

1. Den Backofen auf 180 °C Ober-/Unterhitze vorheizen.

2. Die Bohnen in ein Sieb abgießen, gut abspülen und abtropfen lassen. Dann mit dem Proteinpulver, dem Backpulver und dem Eiweiß in einem Mixer fein pürieren.

3. Die Schokolade in kleine Stücke schneiden und etwa die Hälfte davon unter die Masse mischen.

4. Mit einem Löffel jeweils 1 ½ EL des Teiges als Kleckse auf ein mit Backpapier belegtes Blech setzen und mit den restlichen Schokostücken bestreuen. Kekse 10 Minuten im Ofen backen und dann auskühlen lassen.

Brot

Eiweiß-Möhren-Brot

NÄHRWERTE FÜR 1 SCHEIBE:

62 kcal, 5,3 g Eiweiß, 1,8 g Kohlenhydrate, 2,8 g Fett

ZUTATEN
FÜR 12 SCHEIBEN:

50 g geschrotete
   Leinsamen
50 g Weizenkleie
10 g Flohsamenschalen
1 TL Backpulver
2 Eier (Größe M)
250 g Magerquark
ca. 55 g Möhre

1. Den Backofen auf 200 °C Ober-/Unterhitze vorheizen.

2. Die Leinsamen, die Weizenkleie, die Flohsamenschalen und das Backpulver in einer Schüssel vermischen. Anschließend die Eier und den Magerquark mit dem Handrührgerät untermischen und den Teig kurz ziehen lassen.

3. Währenddessen die Möhre putzen, waschen und fein raspeln. Dann unter den Teig heben.

4. Den Teig in Form eines Brotlaibes auf ein mit Backpapier belegtes Backblech setzen und mithilfe eines Messers ein paar Mal einschneiden. Brot 40 Minuten im Ofen backen.

ANMERKUNG:

Das Brot geht kaum auf. Die Form des Brotlaibes bleibt also fast genauso, wie du den Teig auf das Backpapier legst.

Flohsamenbrötchen

NÄHRWERTE FÜR 1 STÜCK:

137 kcal, 10,4 g Eiweiß, 11 g Kohlenhydrate, 4 g Fett

ZUTATEN
FÜR 6 BRÖTCHEN:

- 90 g Weizen-vollkornmehl
- 1 TL Backpulver
- 4 Eier (Größe M)
- 200 g Magerquark
- 40 g Flohsamenschalen
- 100 ml kochendes Wasser
- etwas Mehl für die Arbeitsfläche

1. Den Backofen auf 180 °C Ober-/Unterhitze vorheizen.

2. Zuerst in einer Schüssel das Mehl mit dem Backpulver vermischen, anschließend die Eier und den Magerquark hinzugeben und alles mit einem Handrührgerät zu einem homogenen Teig vermengen.

3. Dann die Flohsamenschalen untermischen und das kochende Wasser dazugeben. Alles weiterrühren und den Teig danach 10 Minuten ziehen lassen.

4. Den Teig in 6 Portionen zerteilen, diese auf einer bemehlten Arbeitsfläche zu Kugeln formen und auf ein mit Backpapier belegtes Blech setzen. Die Brötchen 35 Minuten im Ofen backen.

Quarkzopf

NÄHRWERTE FÜR 1 SCHEIBE:

114 kcal, 4,6 g Eiweiß, 21,1 g Kohlenhydrate, 1,1 g Fett

ZUTATEN
FÜR 18 SCHEIBEN:

- 50 g fettarme Margarine
- 50 g Erythrit
- 500 g Weizenmehl, Typ 405 + etwas für die Arbeitsfläche
- 1 Pck. Backpulver
- 60 ml fettarme Milch
- 250 g Magerquark

1. Den Backofen auf 170 °C Ober-/Unterhitze vorheizen.

2. Die Margarine in einem Topf zum Schmelzen bringen, dann mit dem Erythrit in eine Schüssel geben und mit dem Handrührgerät schaumig rühren.

3. Das Mehl mit dem Backpulver vermischen, mit der Milch und dem Magerquark zu der Margarine-Erythrit-Mischung geben und das Ganze zu einem homogenen Teig verkneten.

4. Anschließend den Teig in 3 Stücke zerteilen und diese auf einer bemehlten Arbeitsfläche zu langen Rollen formen. Die Rollen zu einem Zopf flechten.

5. Den Zopf auf ein mit Backpapier belegtes Backblech geben und etwa 35 Minuten im Ofen backen.

TIPP:

Das Rezept für die Marmelade findest du auf Seite 122.

Eiweißreiches Mikrowellenbrötchen

NÄHRWERTE FÜR 1 BRÖTCHEN:

189 kcal, 18 g Eiweiß, 11,5 g Kohlenhydrate, 4,8 g Fett

ZUTATEN
FÜR 1 BRÖTCHEN:

- 10 g Weizen-
  vollkornmehl
- 10 g Weizenkleie
- 10 g geschrotete
  Leinsamen
- 5 g Flohsamenschalen
- 1 TL Backpulver
- Salz
- 2 Eiweiß (Größe M)
- 50 g Magerquark

1. In einer Schüssel zunächst alle trockenen Zutaten vermengen, anschließend das Eiweiß und den Magerquark dazugeben und alles mit dem Handrührgerät zu einem homogenen Teig verrühren.

2. Den Teig in eine mikrowellenfeste Form geben (Ø 12 cm) und 4 Minuten bei 600 Watt in der Mikrowelle backen.

Körnerbrötchen

NÄHRWERTE FÜR 1 STÜCK:

144 kcal, 11,6 g Eiweiß, 9,3 g Kohlenhydrate, 4,6 g Fett

ZUTATEN FÜR 6 BRÖTCHEN:

- 60 g Weizen-vollkornmehl
- 10 g Weizenkleie
- 25 g geschrotete Leinsamen
- 1 TL Backpulver
- Salz
- 200 g Magerquark
- 2 Eier (Größe M)
- 4 Eiweiß (Größe M)
- 40 g Flohsamenschalen
- 100 ml heißes Wasser
- 15 g Sonnenblumen-kerne

1. Den Backofen auf 180 °C Ober-/Unterhitze vorheizen.

2. In einer Schüssel das Mehl, die Weizenkleie, 20 g Leinsamen, das Backpulver und etwas Salz vermischen. Dann den Magerquark, die Eier und das Eiweiß hinzugeben und alles mit dem Handrührgerät zu einem Teig verkneten.

3. Anschließend die Flohsamenschalen und dann das heiße Wasser unter Rühren hinzugeben.

4. Danach 10 g Sonnenblumenkerne unter den Teig heben und Teig kurz ziehen lassen, bis er dickflüssig genug ist, um Brötchen daraus zu formen.

5. Aus dem Teig mit feuchten Händen 6 Brötchen formen, diese auf ein mit Backpapier belegtes Blech setzen und mit den restlichen Sonnenblumenkernen und Leinsamen bestreuen. Brötchen 38–45 Minuten im Ofen backen.

TIPP:

Das Rezept für die Schokocreme findest du auf Seite 125.

Kleine eiweißreiche Bagels

NÄHRWERTE FÜR 1 STÜCK:

113 kcal, 8 g Eiweiß, 16,4 g Kohlenhydrate, 1 g Fett

ZUTATEN FÜR 6 BAGELS:

- 100 g Schmelzflocken 5-Korn
- 50 g Weizen-vollkornmehl
- 1 gehäufter TL Backpulver
- Salz
- 150 g Magerquark
- 4 Eiweiß (Größe M)

1. Den Backofen auf 170 °C Ober-/Unterhitze vorheizen.

2. In einer Schüssel die trockenen Zutaten vermengen. Anschließend den Magerquark und das Eiweiß hinzugeben und alles mit dem Handrührgerät zu einem Teig vermischen.

3. Den klebrigen Teig mit feuchten Händen in 6 Silikon-Donutformen verteilen. Die Bagels etwa 20 Minuten im Ofen backen.

TIPP:

Wenn du lieber größere Bagels magst, kannst aus derselben Teigmenge auch nur 4 Bagels machen.

Weizenvollkornbrot

NÄHRWERTE FÜR 1 SCHEIBE:

67 kcal, 3,7 g Eiweiß, 11,3 g Kohlenhydrate, 0,4 g Fett

ZUTATEN
FÜR 19 SCHEIBEN:

320 g Weizen-
vollkornmehl
1 Pck. Backpulver
Salz
320 g fettarmer Joghurt
6 Eiweiß (Größe M)

1. Den Backofen auf 170 °C Ober-/Unterhitze vorheizen.

2. In einer Schüssel das Mehl mit dem Backpulver und etwas Salz vermengen und dann den Joghurt und das Eiweiß hinzugeben. Mit dem Handrührgerät zu einem homogenen, zähen Teig vermischen.

3. Den Teig in eine mit Backpapier ausgekleidete Kastenform (30 cm) geben und 40–50 Minuten im Ofen backen.

TIPP:

Du kannst das Brot auch mit Gewürzen, Nüssen und Körnern abwandeln.

Bananenbrot

ZUTATEN FÜR 18 SCHEIBEN:

- 3 reife Bananen (ca. 280 g)
- 100 g Apfelmus, ohne Zuckerzusatz
- 2 Eier (Größe M)
- 200 g Weizen-vollkornmehl
- 1 Pck. Backpulver

1. Den Backofen auf 180 °C Ober-/Unterhitze vorheizen.

2. Die Bananen schälen, in Stücke schneiden und in einem Mixer mit dem Apfelmus und den Eiern fein pürieren.

3. In einer Schüssel das Mehl mit dem Backpulver vermengen und dann die Bananenmischung mit dem Handrührgerät unterrühren.

4. Den Teig in eine mit Backpapier ausgekleidete Kastenform (30 cm) füllen und 45 Minuten im Ofen backen.

TIPP:

Wer das Bananenbrot noch eiweißreicher haben möchte, kann statt 200 g Mehl 170 g Mehl und 30 g Proteinpulver verwenden.

Vollkornfladenbrot

NÄHRWERTE FÜR 1 STÜCK:

64 kcal, 5 g Eiweiß, 6,4 g Kohlenhydrate, 1,6 g Fett

ZUTATEN FÜR 20 STÜCKE:

- 160 g Weizen-vollkornmehl
- 60 g Weizenkleie
- 1 Pck. Backpulver
- 360 g Magerquark
- 4 Eier (Größe M)
- Salz
- 4 g Sesam

1. Den Backofen auf 150 °C Ober-/Unterhitze vorheizen.

2. In einer Schüssel das Mehl, die Weizenkleie und das Backpulver vermischen und dann den Magerquark, die Eier und etwas Salz hinzugeben. Mit dem Handrührgerät zu einem Teig verkneten.

3. Den klebrigen Teig mit feuchten Händen fladenförmig etwa 1 cm dick auf ein mit Backpapier belegtes Backblech streichen, gitterförmig einschneiden und mit dem Sesam bestreuen. Anschließend 25–30 Minuten im Ofen backen.

Joghurt-Baguette

NÄHRWERTE FÜR 1 SCHEIBE:

59 kcal, 2,3 g Eiweiß, 11 g Kohlenhydrate, 0,5 g Fett

ZUTATEN
FÜR 28 SCHEIBEN:

400 g Weizenmehl, Typ
405 + etwas für die
Arbeitsfläche
1 Pck. Backpulver
2 TL Salz
4 Eiweiß (Größe M)
200 g fettarmer Joghurt

1. Den Backofen auf 180 °C Ober-/Unterhitze vorheizen.

2. In einer Schüssel das Mehl, das Backpulver und das Salz vermischen. Anschließend das Eiweiß und den Joghurt dazugeben und alles mit dem Handrührgerät zu einem Teig verkneten. Wenn der Teig zu klebrig ist, noch etwas Mehl hinzugeben.

3. Teig auf einer bemehlten Arbeitsfläche zu einem Baguette formen und dann auf ein mit Backpapier belegtes Backblech legen. Auf der mittleren Schiene etwa 20 Minuten im Ofen backen.

Pitabrote

ZUTATEN
FÜR 4 PITABROTE:

180 g Weizen-
   vollkornmehl
12 g Weizenkleie
1 Pck. Backpulver
Salz
200 g Magerquark
etwas Mehl für die
   Arbeitsfläche

1. Den Backofen auf 170 °C Ober-/Unterhitze vorheizen.

2. In einer Schüssel zuerst alle trockenen Zutaten vermischen und dann den Magerquark hinzugeben. Mit dem Handrührgerät zu einem homogenen Teig verkneten.

3. Anschließend den Teig mit feuchten Händen in 4 Stücke zerteilen und diese auf einer bemehlten Arbeitsfläche jeweils zu einer ovalen Scheibe ausrollen.

4. Die Pitabrote auf ein mit Backpapier ausgelegtes Backblech geben und etwa 15 Minuten im Ofen backen.

ANMERKUNG:

Diese Pitabrote blähen sich nicht so auf wie die klassischen, können aber einfach aufgeschnitten werden.

Focaccia

NÄHRWERTE FÜR 1 STÜCK:

361 kcal, 25 g Eiweiß, 33 g Kohlenhydrate, 12 g Fett

ZUTATEN FÜR 2 STÜCKE:

- 80 g Weizen-vollkornmehl
- 30 g Weizenkleie
- 2 TL Backpulver
- Salz
- 180 g Magerquark
- 2 Eier (Größe M)
- 4 kleine Tomaten
- 1 EL Olivenöl
- getrockneter Rosmarin oder Thymian nach Belieben

1. Den Backofen auf 150 °C Ober-/Unterhitze vorheizen.

2. In einer Schüssel das Mehl mit der Weizenkleie, dem Backpulver und etwas Salz vermischen. Anschließend den Magerquark und die Eier dazugeben und alles mit dem Handrührgerät zu einem Teig verkneten.

3. Den klebrigen Teig auf einem mit Backpapier ausgelegten Backblech zu 2 Fladen (ca. 25 x 15 cm) verstreichen.

4. Die Tomaten waschen, in Scheiben schneiden und auf dem Teig verteilen. Dann das Olivenöl über die Fladen träufeln, etwas Rosmarin oder Thymian daraufstreuen und die Fladen etwa 25 Minuten im Ofen backen.

Quarkbrötchen

ZUTATEN FÜR 6 BRÖTCHEN:

- 160 g Weizen-vollkornmehl
- 2 TL Backpulver
- 160 g Magerquark
- 2 Eiweiß (Größe M)
- Salz oder Erythrit nach Belieben

1. Den Backofen auf 190 °C Ober-/Unterhitze vorheizen.

2. In einer Schüssel Mehl mit Backpulver vermischen. Die restlichen Zutaten hinzugeben und alles mit dem Handrührgerät zu einem homogenen Teig verkneten.

3. Teig in 6 gleich große Stücke teilen und diese zu Kugeln formen. Die Kugeln auf ein mit Backpapier belegtes Blech setzen und15 Minuten im Ofen backen.

Herzhafte Gerichte

Ofenbrot mit Tomate und Mozzarella

NÄHRWERTE FÜR 1 STÜCK:

358 kcal, 20,2 g Eiweiß, 49 g Kohlenhydrate, 8 g Fett

ZUTATEN FÜR 4 STÜCKE:

- 100 g Weizen-vollkornmehl
- 170 g Weizenmehl, Typ 405 + etwas für die Arbeitsfläche
- 2 TL Backpulver
- Salz
- 1 TL Olivenöl
- 100 g Magerquark
- 2 Eier (Größe M)
- 100 g stückige Tomaten aus der Dose
- 6 kleine Tomaten
- 125 g fettarmer Mozzarella
- Pfeffer
- getrocknetes Basilikum nach Belieben

1. Den Backofen auf 180 °C Ober-/Unterhitze vorheizen.

2. In einer Schüssel zuerst die trockenen Zutaten vermischen und anschließend das Olivenöl, den Magerquark und die Eier hinzugeben. Mit dem Handrührgerät zu einem Teig verkneten.

3. Aus dem Teig auf einer bemehlten Arbeitsfläche 4 ovale Fladen formen. Die Fladen auf ein mit Backpapier belegtes Backblech geben, in der Mitte etwas flach drücken und an den Seiten jeweils einen Rand stehen lassen.

4. Die fein gehackten Dosentomaten in der Mitte der Fladen verteilen.

5. Die Tomaten waschen und den Mozzarella abtropfen lassen. Beides in Scheiben schneiden und auf den Dosentomaten verteilen.

6. Die Fladen mit etwas Salz und Pfeffer würzen, mit Basilikum bestreuen und etwa 20 Minuten im Ofen backen.

Kleine Pizzaschnecken

NÄHRWERTE FÜR 1 STÜCK:

33 kcal, 2 g Eiweiß, 4 g Kohlenhydrate, 0,6 g Fett

ZUTATEN
FÜR 17 SCHNECKEN:

- 100 g Weizen-
  vollkornmehl
- 100 g Magerquark
- 2 TL Backpulver
- Salz
- etwas Mehl für die
  Arbeitsfläche
- 135 g stückige Tomaten
  aus der Dose
- Pizzagewürz nach
  Belieben
- Pfeffer
- 50 g fettarmer
  Streukäse

1. Den Backofen auf 200 °C Ober-/Unterhitze vorheizen.

2. In einer Schüssel das Mehl mit dem Magerquark, dem Backpulver und etwas Salz mit dem Handrührgerät zu einem Teig verkneten. Den Teig auf einer bemehlten Arbeitsfläche etwa 3 mm dick zu einem Rechteck (ca. 17 x 15 cm) ausrollen.

3. Dann die stückigen Tomaten in einer Schüssel nach Belieben mit Pizzagewürz, Salz und Pfeffer abschmecken und auf dem Teig verteilen. Anschließend den Streukäse daraufgeben und den Teig von der längeren Seite aus aufrollen.

4. Die Rolle in 17 etwa 1 cm dicke Stücke schneiden, diese auf ein mit Backpapier belegtes Backblech setzen und 15 Minuten im Ofen backen.

Spinat-Feta-Taschen

NÄHRWERTE FÜR 1 STÜCK:

115 kcal, 8,4 g Eiweiß, 15,2 g Kohlenhydrate, 1,5 g Fett

ZUTATEN FÜR 6 TASCHEN:

- 130 g Weizen-vollkornmehl
- + etwas für die Arbeitsfläche
- 1 TL Backpulver
- 100 g Magerquark
- 2 Eiweiß (Größe M)
- 200 g TK-Blattspinat
- Salz, Pfeffer
- 60 g fettarmer Fetakäse

1. Den Backofen auf 170 °C Ober-/Unterhitze vorheizen.

2. In einer Schüssel das Mehl mit dem Backpulver vermischen. Anschließend den Magerquark und das Eiweiß hinzugeben und das Ganze mit dem Handrührgerät zu einem Teig verkneten.

3. Den tiefgekühlten Spinat in einem Topf auftauen lassen. Die Flüssigkeit gut aus dem Spinat ausdrücken und diesen mit Salz und Pfeffer würzen.

4. Den Teig auf einer bemehlten Arbeitsfläche ausrollen und 6 Kreise (Ø 13 cm) ausstechen.

5. Auf eine Hälfte der Kreise jeweils etwas Spinat und 10 g zerbröselten Fetakäse geben, dabei etwas Rand freilassen. Die unbelegte Teighälfte über die Füllung klappen und den Rand mit einer Gabel festdrücken.

6. Die Taschen auf ein mit Backpapier ausgelegtes Backblech geben und etwa 15 Minuten im Ofen backen.

Käse-Lauch-Muffins mit Schinken

NÄHRWERTE FÜR 1 STÜCK:

84 kcal, 6,6 g Eiweiß, 10 g Kohlenhydrate, 1,4 g Fett

ZUTATEN FÜR 7 MUFFINS:

- 100 g Weizen-vollkornmehl
- 1 TL Backpulver
- 50 g fettarmer Joghurt
- 60 ml fettarme Milch
- 2 Eiweiß (Größe M)
- ½ Stange Lauch
- 50 g fettarme Rohschinkenwürfel
- 40 g fettarmer Streukäse

1. Den Backofen auf 170 °C Ober-/Unterhitze vorheizen.

2. In einer Schüssel zunächst das Mehl mit dem Backpulver vermischen. Anschließend den Joghurt, die Milch und das Eiweiß hinzugeben und alles mit dem Handrührgerät zu einem Teig verrühren.

3. Den Lauch putzen, gründlich waschen und in Streifen schneiden.

4. Den Lauch, die Rohschinkenwürfel und den Käse unter den Teig heben und diesen dann in 7 Muffinförmchen füllen. Muffins etwa 25 Minuten im Ofen backen.

Flammkuchen Elsässer Art

NÄHRWERTE FÜR 1 FLAMMKUCHEN:

530 kcal, 34 g Eiweiß, 68,4 g Kohlenhydrate, 10,8 g Fett

ZUTATEN FÜR 1 FLAMMKUCHEN:

- 1 kleine Zwiebel
- 100 g Weizen-vollkornmehl
- 100 g Magerquark
- Salz
- etwas Mehl für die Arbeitsfläche
- 75 g saure Sahne
- 30 g fettarme Rohschinkenwürfel

1. Den Backofen auf 200 °C Ober-/Unterhitze vorheizen.

2. Die Zwiebel schälen und in Ringe schneiden.

3. In einer Schüssel Mehl, Magerquark und etwas Salz mit dem Handrührgerät zu einem Teig verkneten und diesen auf einer bemehlten Arbeitsfläche dünn ausrollen.

4. Anschließend den Teig auf ein mit Backpapier belegtes Backblech geben, mit der sauren Sahne bestreichen und die Zwiebelringe und Rohschinkenwürfel darauf verteilen. Flammkuchen etwa 15 Minuten im Ofen backen.

Tomaten-Zucchini-Quiche

NÄHRWERTE FÜR 1 STÜCK:

145 kcal, 8,6 g Eiweiß, 14,8 g Kohlenhydrate, 5 g Fett

ZUTATEN FÜR 8 STÜCKE:

- 150 g Weizen-vollkornmehl
- 80 g Magerquark
- 20 g fettarme Margarine
- 3 Eier (Größe M)
- 4 große Tomaten
- 2 Zucchini
- 125 ml fettarme Milch
- 25 g saure Sahne
- 50 g fettarmer Streukäse
- 50 ml fettarme Sahne
- Salz, Pfeffer
- Gewürze nach Belieben (z.B. Knoblauch, Muskatnuss oder Basilikum)

1. In einer Schüssel das Weizen-Vollkornmehl, den Magerquark, die Margarine und 1 Ei mit dem Handrührgerät zu einem Teig verkneten. Den Teig für 30 Minuten im Kühlschrank ruhen lassen.

2. Den Backofen auf 180 °C Ober-/Unterhitze vorheizen.

3. Nach der Ruhezeit mit dem Teig eine Kuchenform (Ø 20 cm) auskleiden und dabei einen Rand hochziehen.

4. Die Tomaten und die Zucchini putzen, waschen und in Scheiben schneiden. Dann abwechselnd kreisförmig auf den Boden der Form legen.

5. In einer Schüssel 2 Eier mit der Milch, der sauren Sahne, dem Streukäse und der fettarmen Sahne verrühren. Mit Salz, Pfeffer und Gewürzen würzen. Die Mischung über das Gemüse gießen.

6. Die Quiche etwa 40 Minuten im Ofen goldbraun backen. Nach Ende der Backzeit die Quiche aus dem Ofen holen, aber noch kurz etwas stehen lassen, damit die Füllung etwas fester wird.

Schnelle Vollkorn-Pizza Margherita

NÄHRWERTE FÜR 1 PIZZA:

585 kcal, 45 g Eiweiß, 71 g Kohlenhydrate, 10 g Fett

ZUTATEN FÜR 1 PIZZA:

100 g Weizen-
  vollkornmehl
1 TL Backpulver
100 g Magerquark
1 Eiweiß (Größe M)
Salz
etwas Mehl für die
  Arbeitsfläche
150 g Pizza-Tomaten
Pizzagewürz nach
  Belieben
Pfeffer
50 g fettarmer
  Streukäse

1. Den Backofen auf 200 °C Ober-/Unterhitze vorheizen.

2. Mehl und Backpulver in einer Schüssel vermischen. Magerquark, Eiweiß und 1 Prise Salz hinzufügen und mit dem Handrührgerät zu einem Teig verkneten.

3. Den Teig auf einer bemehlten Arbeitsfläche zu einem Kreis (Ø ca. 20 cm) ausrollen und auf ein mit Backpapier belegtes Blech geben.

4. Die Pizza-Tomaten in eine Schüssel geben und mit Pizzagewürz, Salz und Pfeffer würzen. Soße auf dem Pizzaboden verteilen und mit dem Käse bestreuen.

5. Die Pizza 10 Minuten im Ofen backen.

Das schmeckt dazu

Kalorienreduzierte Vanillesoße

NÄHRWERTE FÜR 100 ML:

60 kcal, 3,2 g Eiweiß, 4,4 g Kohlenhydrate, 1,1 g Fett

ZUTATEN:

500 ml fettarme Milch
½ Pck.
   Vanillepuddingpulver
2 EL Erythrit

1. Milch in einem Topf erwärmen.

2. In einer Schüssel das Puddingpulver mit dem Erythrit vermischen. 5 EL der warmen Milch zu dem Pudding-pulver geben und gut verrühren, bis keine Klümpchen mehr vorhanden sind.

3. Die Mischung in die warme Milch rühren und kurz auf-kochen lassen, damit das Ganze etwas andickt. Dann den Topf vom Herd nehmen und die Soße warm servie-ren oder abkühlen lassen.

TIPP:

Die Vanillesoße passt besonders gut zum Birnen-Crumble (S. 47), den Dampfnudeln (S. 57), Waffeln (S. 65) und Apfelpfannkuchen (S. 66)

Fake-Sahne

41 kcal, 7,6 g Eiweiß, 2,2 g Kohlenhydrate, 0,1 g Fett

ZUTATEN
FÜR 2 PORTIONEN:

1 Eiweiß (Größe M)
100 g Magerquark
flüssiger Süßstoff nach
  Belieben

1. Zuerst das Eiweiß in einer Schüssel mit dem Hand-rührgerät steif schlagen und dann den Magerquark vorsichtig unterheben.

2. Die Masse mit etwas flüssigem Süßstoff nach Ge-schmack süßen.

TIPP:

Die Fake-Sahne passt besonders gut zum Apfelkuchen (S. 12), Protein-Schokoladen-Muffins (S. 28), Pfirsich-Tarteletts (S. 40) und dem Pflaumenblechkuchen (S. 44).

Schnelle Himbeermarmelade

NÄHRWERTE FÜR 1 PORTION:

26 kcal, 0,9 g Eiweiß, 2,7 g Kohlenhydrate, 0,9 g Fett

ZUTATEN
FÜR 4 PORTIONEN:

100 g TK-Himbeeren
10 g Chiasamen
etwas flüssiger Süßstoff

1. Die tiefgekühlten Himbeeren in eine mikrowellentaugliche Schüssel füllen, in der Mikrowelle erwärmen und anschließend mit einer Gabel zerdrücken oder mit einem Stabmixer pürieren.

2. Die Chiasamen und bei Bedarf etwas Süßstoff in den Himbeerbrei rühren und die Marmelade 5–10 Minuten ziehen lassen, bis sie die gewünschte Konsistenz erreicht hat.

TIPP:

Das Rezept für den Quarkzopf findest du auf Seite 80.

Protein-Schokocreme

NÄHRWERTE FÜR 1 PORTION (15 G):

15 kcal, 1,8 g Eiweiß, 1 g Kohlenhydrate, 0,3 g Fett

ZUTATEN

- 130 g Kichererbsen aus der Dose
- 25 g Schoko-Proteinpulver
- 5 g stark entöltes Kakaopulver
- 50 ml Haselnussmilch (alternativ andere pflanzliche Milch)
- 5 EL Erythrit

1. Die Kichererbsen in ein Sieb abgießen, abspülen und abtropfen lassen.
2. Dann mit den restlichen Zutaten in einen Mixer geben und fein pürieren.

TIPP:

Das Rezept für die Körnerbrötchen findest du auf Seite 84.

Auch als **E-Book** erhältlich

112 Seiten
9,99 € (D) | 10,30 € (A)
ISBN 978-3-86883-573-1

Veronika Pichl

Essen ohne Zucker

Über 60 süße und herzhafte
Rezepte

Dieses Buch zeigt, dass es möglich ist, zuckerfrei zu leben, ohne auf Genuss verzichten zu müssen. Es erklärt Ihnen, was Zucker im Körper auslöst, in welchen Lebensmitteln er sich versteckt und warum Sie Ihrer Gesundheit zuliebe darauf verzichten sollten. Die über 60 Rezepte – ganz ohne Industriezucker, Honig, Ahornsirup und andere zuckerhaltige Süßungsmittel – helfen Ihnen dabei, den Geschmackssinn wieder für natürliche Süße beispielsweise aus Früchten zu sensibilisieren. Das Buch bietet Rezepte für Frühstück und Desserts, aber auch gesunde Hauptmahlzeiten und Snacks – alles schmeckt auch zuckerfrei richtig lecker.